bastardilla **"**

Antonio G. Maldonado (Málaga, 1983) es ensayista y consultor de asuntos públicos, experto en estrategia, riesgo político y discursos. En La Caja Books ha publicado *El final de la aventura* (2020). Ha traducido a autores como H.D. Thoreau, Norman Mailer, Francis Fukuyama o Jonathan Haidt, entre otros. Es columnista de *El Español* y colaborador de medios y publicaciones culturales como *El Cultural* o *Ethic*. Ha sido asesor en los gabinetes de la Presidencia del Gobierno y del Senado, así como en los Ministerios de Asuntos Exteriores y Economía en distintas etapas. Antes de todo eso fue librero y se licenció en Economía.

Los sentidos del tiempo

Apuntes desde el asombro

_ Antonio G. Maldonado

La Caja
Books _ *bastardilla* "

Los sentidos del tiempo
Primera edición: abril de 2024

© del texto: Antonio G. Maldonado
© de esta edición: La Caja Books

Coordinación editorial: Raúl E. Asencio
Diseño de la colección: Setanta
Maquetador: Pere Fu
Corrección: Leticia Oyola
Ilustración de cubierta: Ximo Abadía

© La Caja Books
www.lacajabooks.com
info@lacajabooks.com

ISBN: 978-84-17496-89-0
Depósito Legal: V-624-2024

A mi hijo Miguel, el más reciente
y cotidiano de mis asombros.

Índice

Para mí, ser es sorprenderme de estar siendo.

Fernando Pessoa

Un asombro doble

Durante la erupción del volcán de La Palma se utilizó el término *estromboliano* para explicar sus erupciones explosivas e intermitentes. Pero el término no solo arrastraba la reminiscencia de aquel otro volcán italiano que le daba nombre. La palabra también cargaba con el recuerdo de Katia y Maurice Krafft, el matrimonio que dedicó su vida al estudio de las montañas de fuego y la perdió en 1991 atrapado por el flujo piroclástico del monte Unzen en Japón. Con el momento en el que Otto Lidenbrock y su sobrino

Axel son devueltos a la superficie por una de las chimeneas del Snaefellsjökul en *Viaje al centro de la Tierra*. Y con Ingrid Bergman, en la película de Roberto Rossellini, escalando hacia el volcán para ir al otro lado de la isla de Stromboli, donde siente una opresión insoportable. La ciencia convive con la literatura cuando nombra y explica fenómenos, algo más habitual todavía en astrofísica, una disciplina que se ocupa de un espacio al que la humanidad se ha dirigido desde que está sobre la Tierra: en el cielo hemos buscado a los culpables de todos los males así como la salvación y el amparo. Hacer el cosmos a medida de nuestro entendimiento limitado ha llevado a que encontráramos la forma de los dioses en la caprichosa disposición de las estrellas y a imaginar una historia alegórica para cada uno de ellos. E incluso a concederles algún tipo de poder sobre nuestras vidas, como atestigua la llamativa supervivencia de los horóscopos en medios serios.

Seguimos mirando al cielo. Quizá con telescopios espaciales o con radiación infrarroja, pero el gesto es parecido. A 2380 metros sobre el nivel del mar, en lo alto de una colina sobre el desierto de Atacama, se encuentra el Observatorio Las Campanas. Desde allí, en 1991, un grupo de astrofísicos se embarcó en la catalogación de decenas de miles de galaxias. El mapa del cosmos que obtuvieron trajo el concepto de *final de la grandeza*. Cuando miramos el universo observado a una escala máxima de 300 millones de años luz, llega un punto en el que deja de existir una jerarquía de organización como la que se ve al mirar galaxias concretas —se estima que hay unos dos billones de ellas—. La distribución no responde a ninguna estructura. Los supercúmulos y los filamentos del espacio forman una telaraña cósmica o algo así como un triste gotelé espacial. Esa masa distribuida en pegotes irregulares solo responde a la regla básica del principio cosmológico, que dice que, cuando se observa a escalas suficientemente grandes, el universo es isotrópico y homogéneo, como si se tratara de una expresión uniforme de unas leyes conocidas e inalterables. Las particularidades del universo pierden a esa distancia su misterio y pasan de ser un enigmático cuadro expresionista a la límpida página de una libreta con hojas cuadriculadas. Pero en junio de 2021 unos científicos de la Universidad de Lancashire observaron en ese gotelé espacial del final de la grandeza un arco de galaxias distribuido a lo largo de 3300 millones de años luz que contradice el principio cosmológico. El Arco Gigante, así lo han nombrado, se suma a otros descubrimientos que tampoco encajan en dicho principio. En su rebeldía hacia la supuesta exactitud con la que concebimos el cosmos se atisba un —posible— principio de la grandeza.

Hace unos años me di cuenta de que mi atención se dirigía de forma automática hacia noticias en las que, como esta, había algún tipo de sorpresa por parte de los implicados: sociólogos que tenían dificultades para explicar tal o cual fenómeno no detectado en las encuestas; médicos que no entendían cómo un desahuciado había podido recuperarse de un cuadro clínico aparentemente insuperable; psiquiatras que contaban experiencias extrañas con los sueños o las premoniciones en sus pacientes; científicos que no sabían cómo podía aparecer tal o cual fenómeno que desbarataba las teorías que creían ya definitivas. Como aquella noticia de un medio serio que anunciaba: «Un nuevo estudio asegura tener "pruebas directas" de una anomalía que desafía las ideas sobre la gravedad de Newton y Einstein y que puede cambiar por completo nuestra manera de entender el universo». O esta otra: «Descubren un nuevo planeta espejo con nubes metálicas que no debería existir» que «refleja el 80 % de la luz de su estrella».

Me fijaba también en aquellas noticias que informaban de avances importantes para tratar enfermedades como el alzheimer o el cáncer, pero mi experiencia al leerlas era distinta. Con estas sentía una satisfacción y una alegría comprensibles: quizá porque todo ese conocimiento se podría traducir en avances que algún día mejorarían la vida y hasta podrían salvársela a alguno de mis seres queridos, o a mí mismo. El progreso, además, me producía una mensurable sensación de satisfacción.

Con las primeras era distinto. Sentía un alivio más profundo e inasible, más genérico y difuso. Una emoción parecida a la que recuerdo en la cara que el director Luchino Visconti ponía en el rostro del compositor Gustav von Aschenbach, interpretado por Dirk Bogarde en una escena de *La muerte en Venecia,* adaptación de la novela de Thomas Mann del mismo nombre. Le acaban de anunciar que la ciudad está en cuarentena por un brote epidémico y que no puede salir. En su vuelta al hotel en barco, navegando por la laguna, una mala noticia como es la imposibilidad del viaje y el confinamiento, se torna poco a poco en una felicidad contenida por el regreso a la cercanía del joven Tadzio. La alegría se refleja en su rostro, progresivamente relajado, incluso sonriente, mientras de fondo suena el *adagietto* de la Quinta Sinfonía de Gustav Mahler. ¿Por qué me gustaba leer sobre lo inesperado? ¿Por la mera sorpresa? No era un motivo de peso. Siendo así, ¿qué escondían esas sorpresas que me atraían tanto? Me lo he preguntado durante años, y la respuesta tentativa que me doy es lo inesperado; aquello que desbarata lo previsto me traía esperanza. Una esperanza que debía contraponerse a la desesperanza que me generaba lo ya conocido, lo ya *cerrado* y resuelto. Leer, por ejemplo, sobre la masa de una partícula que aparece en un acelerador y que contraviene el modelo estándar de la física subatómica me impulsaba a seguir leyendo y me dejaba un regusto de satisfacción muy lejano de cualquier pensamiento relativista y derrotista ante la complejidad de todo.

No se trataba de la *schadenfreude* alemana, que se define como el disfrute que se siente ante el mal ajeno. Sí me entristecía leer que algún tratamiento médico experimental había fallado y que había que volver a empezar. Mi alegría estaba en aquellos asuntos más generales sin una aplicación práctica y directa, que no tenían visos de afectar al día a día. Recuerdo el inicio de un pódcast que hablaba de un «planeta imposible» en el que se producen lluvias y tormentas de titanio; un lugar que, situado a tan solo 260 años luz de distancia, ha dejado asombrados a sus descubridores. En el momento en el que lo inesperado perjudicaba a alguien, el asunto pasaba de la primera a la segunda categoría. Pero cualquier sorpresa relativa a las teorías y modelos de fondo, aquellos que cuestionaban lo que creíamos saber sobre qué somos, qué hacemos, o por qué existimos, me producía una esperanza inocultable, como a Aschenbach volver a la Venecia en cuarentena.

La razón quizá no sea tan difícil de deducir: me desaniman e inquietan las respuestas que hemos asumido como firmes a esas preguntas. No es que no acepte la muerte, ni que me oponga al conocimiento que emana de Darwin, Galileo, Copérnico, Einstein o Marie Curie, ni a los esfuerzos de los investigadores que hoy escrutan el espacio para analizar el rastro de las ondas de luz que siguieron al Big Bang, ni mucho menos a los trabajos de los genetistas que hoy descubren técnicas para evitarnos sufrimientos penosos mañana. La teoría de la evolución no es una mera especulación —y mucho menos, ideología *progre* sobre la que deba existir una facultad de veto parental en las escuelas—, sino un hecho demostrado, de la misma forma que conocemos a fondo algunas de las leyes inalterables del universo o existen terapias génicas que curan enfermedades. Bien que nos hemos beneficiado de todo ese saber. No se trata de un problema ni del conocimiento científico, ni del método ni de los propios científicos, que suelen tener una mentalidad mucho más receptiva a lo desconocido y a las sorpresas, sino de cómo todo ese mundo de herramientas, datos, números e ideas ha permeado en el resto como una camisa de fuerza que viene a decir: «Esto es lo que hay».

Me desaniman esas conclusiones porque parecen infundadas. Ese «esto es lo que hay», ese «pierde toda esperanza» o esa apelación a que nos desengañemos suenan ridículos cuando se tiene el tiempo suficiente para leer sobre las nuevas fronteras del conocimiento, sobre las paradojas y las inconsistencias de las leyes que damos por inmutables y eternas, sobre las fascinantes hipótesis abiertas en distintas disciplinas que parecían ciencia ficción hace apenas unas décadas. Siendo así, y extendiendo esa secuencia hacia el futuro, ¿no tiene más sentido que todo eso nos llegue con la forma de un mensaje motivador y esperanzado que nos diga «Mira cuánto hay, mira cuánto desconocemos todavía de lo que puede haber»? La potencialidad del misterio del mundo sigue siendo la misma que cuando cazábamos mamuts o nos empeñábamos en dominar el fuego. Porque, como en las aventuras, una meta da pie a otras y amplía el abanico y la profundidad de las preguntas, y no al contrario.

En otra novela de Mann, *La montaña mágica*, el protagonista, Hans Castorp, acude justo antes de la Primera Guerra Mundial a un sanatorio para tuberculosos en las montañas suizas, cerca de Davos. En aquel paraje idílico, donde el tiempo parece espesarse y transcurrir al ritmo del aburrimiento de sus pacientes, dos personajes representan los polos entre los que bascula el *zeitgeist* de la época: el encarnado por el optimista Settembrini —entusiasmado con el progreso de la ciencia y de mentalidad racionalista y mecanicista— y el representado por el reaccionario Naphta —místico y desconfiado de cualquier promesa de una modernidad que rechaza—. El tiempo detenido que los enfermos dedican a respirar el aire fresco cubiertos con mantas de pelo de camello, o los largos ratos que el mercurio tarda en marcar la temperatura de los cuerpos, termina con el estallido de la Gran Guerra.

La dificultad de nuestros días para contemplar horizontes prometedores parece abandonar a mucha gente en brazos del reaccionario y místico Naphta, que espetó al positivista Settembrini: «Preferiría mil veces la ingenuidad de un niño que cree que las estrella son agujeritos de la tela del cielo a través de los cuales traspasa la luz eterna, a la palabrería descerebrada, hueca y blasfema de la ciencia monista al tratar del "cosmos"». En la era de la exploración del espacio profundo, del posible asentamiento humano en otros planetas, del conocimiento de los arcanos de la mente gracias a la neurociencia, de la física cuántica, del desciframiento del código genético y el desarrollo de sus aplicaciones o de la inteligencia artificial, se necesita otro personaje distinto a Settembrini. Uno más acorde no solo con esa realidad y esas sorpresas, sino con nuestra propia naturaleza y nuestra necesidad de sentido, de albergar los alicientes y el deseo de aventurarnos en este camino. No es casualidad que Settembrini no fuera científico, y que en sus soliloquios se atisbaran algunos de los horrores que acontecieron en el siglo. Quizá, en el final de los tiempos, los Settembrini tengan razón —los Naphta nunca la tuvieron—, pero, mientras la realidad siga jugando con nosotros al gato y el ratón, mientras sigamos a la busca de sus leyes y sus porqués y estos nos sorprendan, lo justo será que nos abramos a un tiempo y un mundo aún por explicar.

Este ensayo parte de un asombro doble. Del asombro de existir en un universo en expansión, en una roca gigante sostenida en el vacío que da vueltas a una estrella que nos ilumina y permite la vida. Pero también del asombro —de la sorpresa, más bien— ante la facilidad con la que se han asimilado esos hechos y se vive al margen de ellos. Como los viajeros románticos que redescubrieron en las ruinas clásicas utilizadas como materia prima un mundo asombroso, me pregunto en qué momento nos acostumbramos a una realidad que nos habla de superposición cuántica y de un universo constituido por algo tan inasible como la materia oscura. ¿En qué momento me acostumbré yo?

El final de la grandeza

A lo largo de la historia abundan quienes han considerado que, de una forma u otra, el final de su tiempo biográfico coincidía con el final del tiempo histórico. En junio de 1989, un joven y no muy conocido politólogo norteamericano publicó un artículo en el que sostenía que el capitalismo y la democracia habían ganado la lucha ideológica y que formaban una suerte de última parada de la historia y del progreso. Ante la inminente caída del Muro de Berlín, Francis Fukuyama se preguntaba ya desde el título: ¿El fin de la historia? Para cuando publicara el libro en el que ampliaba esta idea, el Muro ya habría caído y con él, los interrogantes del título. No tardamos en darnos cuenta de lo aventurado de aquella tesis, que, por otro lado, planteaba ideas interesantes como el sentido hegeliano de la historia y la idea de progreso.

El decreto de cierre es, de hecho, bastante habitual en la historia. Se le atribuye a lord Kelvin, uno de los físicos más prominentes de su época, que a principios del siglo pasado dijera: «Ahora ya no hay nada nuevo por descubrir en la física. Lo único que queda es realizar medidas cada vez más precisas». Lo dijo tras hallazgos importantes, pero antes de la era dorada de la disciplina, cuando se descubrieron las teorías de la relatividad especial y general de Einstein, o la física cuántica que alumbró Max Planck. Su afirmación comparte melodía con tantas que hoy aún seguimos escuchando en áreas de conocimiento mucho menos exactas, y que en conjunto han generado la sensación de vivir en el tramo final o en la estación de término de la historia, más que en su flujo.

Las proclamas finalistas, en su optimismo desaforado del presente, hacen difícil concebir en nuestros días padecimientos y sinrazones de otras épocas. Dibujan un punto y final, un cierre histórico, ante el que mostramos credulidad, cuando no desánimo ante el final de la aventura. A cada atracón de conocimiento parece seguirle una digestión pesada, una sensación de que ya no se puede comer más que se confunde con una falta de alimento. Aun después de tantos siglos de desmentidos, se insiste en que esta vez sí, en que ya no queda nada más por devorar, pues todo ese conocimiento recién ingerido viene envuelto en un lenguaje, unos métodos y unas teorías imposibles de desmentir para un lego en todas esas materias. ¿Cómo contradecir al especialista en su diagnóstico? Ocurre como cuando nos cuesta hacer planes si la *app* del tiempo nos dice que empezará a llover en una hora aunque tras la ventana veamos el cielo radiante y despejado. O como en el chiste en el que un hombre se despierta de un estado catatónico en su propio velatorio y, al pedir ayuda desde el interior del ataúd, le responden: «Sí, hombre, vas a saber tú más que el médico». Como cuando conduzco y el ordenador del coche activa una alerta que dice que detecta mi cansancio, aunque yo esté eufórico. ¿Quién soy yo para contradecir a la máquina, con todo el saber y la técnica que tiene detrás?

Leo en el salón y fuera reluce el día —como cualquier día en esas fechas en Mijas, donde escribo estas líneas—. El sol cae a plomo y entra sin piedad para molestarme mientras avanzo en la lectura. Para concentrarme necesito bajar un poco la persiana y dosificar la luz. Fracaso en el primer intento; al estar enrollada, no hay peso suficiente para que baje. Tengo que abrir la ventana y tirar un poco del borde hasta desatascarla. Forcejeo con la cinta y se despliega sin casi ningún esfuerzo por mi parte. Enseguida pierdo el control, cae de golpe y el salón se queda completamente a oscuras. Así corre el riesgo de funcionar todo ese conocimiento cuando llega: primero, hay que dar un pequeño tirón, pues el saber inicial es el determinante, y a partir de ahí nacen todos los hilos posteriores en forma de hipótesis, teorías, principios o innovaciones. Pero se corre el riesgo de que ese pequeño tirón culmine en un colapso sobre su propio peso que impida iluminar nada, aunque el propósito fuera el contrario. La dosificación de esa luz exige un pulso y un equilibrio muy difíciles de alcanzar.

Desde Platón nos preguntamos por la validez de aquello que percibimos. Lev Shestov acude al mito de la caverna para hablar de los límites de la razón y apelar a cierto abandono ante unas verdades inalcanzables pero ciertas. La claridad y la distinción que tanto parecemos reclamar como garantía de verdad serían, para Platón, una dificultad añadida para conocer esa verdad. Porque no nos atraen hacia lo real, sino hacia su sombra, hacia lo ilusorio. Su luz apabullante nos deja a ciegas como en la oscuridad más absoluta. Y algo de eso hay en la imagen que ha quedado de nosotros mismos tras más de dos siglos de avance del conocimiento y varias revoluciones industriales. Lo definió bien Thomas Bernhard en un discurso pronunciado en Bremen, en 1965, al recibir un premio por su novela *Helada*:

> Estamos asustados de la claridad de la que de repente se compone nuestro mundo, nuestro mundo científico: nos helamos en esa claridad; pero hemos querido tener esa claridad, la hemos conjurado y por eso no podemos quejarnos de la claridad que ahora reina. Con la claridad aumenta el frío. Esa claridad y ese frío reinarán en adelante. La ciencia de la naturaleza será para nosotros una claridad más alta y un frío mucho más crudo de lo que hoy podemos imaginar. Todo será claro, de una claridad cada vez mayor y cada vez más profunda, y todo será frío, de un frío cada vez más espantoso. En el futuro, tendremos la impresión de un día cada vez más claro y cada vez más frío.

En la novela, un médico envía a su adjunto a que vaya a ver al hermano del galeno, un pintor que ha perdido la cabeza. Desde allí, el ayudante le envía cartas en las que le cuenta el deterioro mental que sufre aislado en el frío mundo rural austriaco. El escenario y los personajes recuerdan a las montañas de Davos en las que Naphta y Settembrini exponen sus reflexiones ante Castorp. El potente foco de la racionalidad pretende atender y aclarar, pero con la misma intensidad puede cegar y nublar, y hacer insoportable un panorama yermo que se toma como la verdad incontestable. Ante la cartografía mecanicista y anómica de Settembrini, suena tentadora la reacción wagneriana de Naphta.

Nuestra participación y significado en el universo ha ido consumiéndose a medida que la ciencia arrojaba luz sobre las viejas ensoñaciones antropocéntricas y mitológicas. No hay nada que lamentar en ello —o sí, allá cada uno—. Somos lo que somos, y no cabe ocultar nuestra irrelevancia en un universo frío que nos devuelve el eco incorrupto de nuestras súplicas. En palabras del profesor Jeffrey J. Kripal, sin embargo, esa fotografía da paso a una cosmovisión en la que, sin razones de fondo, «estamos reduciéndonos hasta caer en el olvido». Como si fuéramos niños a los que, al salir de la primera infancia, les hubieran quitado los juguetes que han dado sentido y forma a su mundo inocente y sus padres se hubieran negado a ofrecerles horizontes y herramientas para la adolescencia y la vida adulta. Fernando Pessoa lo expresó bella pero lúgubremente al escribir que había «caído sobre nosotros la más profunda y mortal de las sequías de los siglos: la del conocimiento íntimo de la vacuidad de todos los esfuerzos y de la vanidad de todos los propósitos».

Pienso mucho en la forma en la que mis padres me transmitían el mundo; en las palabras con la que nos hablaban de su infancia o adolescencia. Me he dado cuenta de que no utilizo con mis hijos una expresión a la que mi padre recurría cuando yo era un niño y trataba de explicarme cosas de su vida. «En mi época...», solía decir antes de hablar de la música que se escuchaba, los pelados que se llevaban, la forma de ligar que tenían durante los años de la adolescencia y la carrera, hasta el inicio de la vida en familia. Me he preguntado qué razones habrá para que yo no la utilice, siendo tan habitual en mi padre y en su generación. Intuyo que hay algo que se expresa así; algo que no tiene que ver con los cambios y las derivas propias del lenguaje, sino con algo más profundo.

Al hablar de su época, mi padre se refiere a los años decisivos, a los que marcan —a través de las decisiones que tomamos y la suerte que nos toca— el resto de lo que nos queda: la pareja que se escogió para toda la vida, el trabajo y la profesión a los que se dedicarían varias décadas, los hijos que se tuvieron antes de los treinta. Una época que se reconoce como tal en contraste con otras épocas de la misma vida mucho menos determinantes para el futuro y el propio relato biográfico. No es que la infancia carezca de un peso específico que se deje notar durante el resto de la vida —más bien al contrario, durante esos años se crea la patria de la imaginación, cuaja la personalidad y se dejan ver ya heridas traumáticas que nos acompañarán, camufladas en una forma u otra, durante toda la vida—. Pero es cierto que en esos años uno está a expensas de las decisiones y el cuidado ajenos, y más tarde la vida es presa de las decisiones propias en eso que llamamos «nuestra época».

¿Y cuál es mi época? Es difícil reconocerla en el presente. Como escribía san Agustín para definir el tiempo, si alguien nos lo pregunta, lo sabemos; pero, si se nos pide una explicación, fracasamos al hacerlo. Ya instalado en los cuarenta me cuesta hablar de un conjunto de años cerrados y definidos dignos de ser llamados como tal. Hay razones conocidas y no precisamente positivas. Me refiero a la devaluación y pérdida del peso de los conocimientos adquiridos durante los años de formación, que ahora fuerzan a un extenuante reciclaje permanente; la inestabilidad laboral y la dificultad de emanciparse con salarios medios; o la sensación de los primeros *millennials* de que ya está pidiendo paso una generación más preparada y mejor socializada para la inmersión digital y tecnológica cuando ellos aún no han llegado a la cúspide de sus carreras.

No es extraño que, ante las dificultades, haya quienes miren con cierta envidia y nostalgia esa época en la que esfuerzos y decisiones eran recompensados con certidumbres socioeconómicas y afectivas mayores que las de hoy. No es mi caso. Aunque querría para mí ciertas comodidades de mis padres, no me olvido de que es mucho lo ganado al dejar de hablar de mi época. Lejos de volver a aquellas certidumbres que tenían mucho de prisión de oro, la aspiración debería ser que el ancho de la época fuera el de la propia vida. Mi época no está cerrada, y, si bien esto es un aliciente para mantener la ilusión, es al mismo tiempo una frustración permanente por la espera de los acontecimientos. Quizá no uso aquella expresión de mi padre porque implica que hay unos años en los que la vida *transcurre* y otros en los que solo se *rememora*.

El astrofísico y filósofo Juan Arnau ha insistido mucho en el error que, a su juicio, supone lo que él define como una expulsión de la experiencia humana en el conocimiento científico. Se refiere con ello a la condición sospechosa que adquiere el relato en primera persona de nuestra relación con la realidad. Una sospecha avalada por los hallazgos neurocientíficos y de la psicología social, que nos retratan como observadores no fiables por culpa de nuestras propias debilidades y sesgos, siempre al acecho para nublar nuestros juicios y decisiones. El resultado de todo ello es un «universo frío y desafecto, donde la conciencia, el *saberse ser,* resulta en un fenómeno accidental prescindible». Arnau habla de la necesidad de recuperar la «participación», de reivindicar la vivencia subjetiva como forma de habitar y desentrañar la realidad, e incluso asocia esa expulsión con algunos de los males endémicos de nuestros días: «El aislamiento general de la conciencia no parece ser independiente de esa enfermedad moderna llamada depresión». Se trata de un salto argumentativo ambicioso que yo he intentado razonar al hablar del *final de la aventura* como la dificultad insalvable de sentirse parte de los nuevos horizontes de sentido colectivos. Solo una pequeña élite con los recursos y el tiempo necesarios para adquirir conocimientos vastos y refinados puede acceder a las aventuras y a dichos horizontes de sentido contemporáneos, como la ciencia más puntera o las aplicaciones tecnológicas más vanguardistas que llevan a dar saltos de gigante en las investigaciones médicas o en la exploración del espacio y sus misterios.

En 1922 tuvo lugar en París uno de los debates más apasionantes del siglo. El físico alemán, autor de las teorías de la relatividad especial y de la relatividad general, Albert Einstein y el filósofo francés que más contestón salió al positivismo lógico de la época, Henri Bergson, discutieron sobre la naturaleza del tiempo. El absoluto, medible e incontestable del primero frente al tiempo psicológico que desafiaba las matemáticas y que podía definirse más apropiadamente como *duración*.

Ambos eran judíos y los dos padecieron las inclemencias de aquellas décadas. Pese a todo, consiguieron refugiarse en el estudio que los conocimientos fascinantes que la época les ofrecía. En *El físico y el filósofo*, Jimena Canales resume las diferencias: «Mientras que Einstein buscaba coherencia y simplicidad, Bergson hacía hincapié en las incoherencias y complejidades». El pensamiento científico de entonces fue amable con Einstein —a quien aplaudió como un gran desvelador de trucos de la naturaleza— y hostil con Bergson —a quien criticó como un aficionado a las supersticiones—. Sin embargo, la consideración de uno y otro sobre el tiempo marcó un parteaguas en la historia del conocimiento.

Si el siglo pasado tendió a la clarividencia y la seguridad de Einstein, el actual se inclina por la especulación y la duda de Bergson. Su concepción influyó en la forma de narrar el mundo. Recién iniciado 2022, no fueron pocos los suplementos culturales o los reportajes que nos recordaron la importancia literaria de la efeméride del siglo transcurrido desde 1922. James Joyce, T. S. Eliot, Ludwig Wittgenstein o Virginia Woolf transformaron la literatura con nuevas técnicas que reflejaban una complejidad del tiempo que era ajena a la linealidad considerada como la acumulación de la suma de segundos, minutos, horas. Aquel año aún se sufrían los estragos de la peor posguerra de la historia y los sistemas políticos europeos caían víctimas de los desbarajustes económicos y emocionales. Todo parecía renovarse en fondo y forma. El propio Mann, en una conferencia introductoria sobre su novela, definió bien la plasticidad de ese tiempo al describir «el hermético encantamiento que hace al joven héroe sucumbir a la atemporalidad». Hans Castorp «aspira a anular el tiempo gracias a sus medios artísticos [...]. Sin duda [el libro] opera con los medios de la novela realista, pero no lo es, traspasando continuamente el elemento realista, dándole un alcance simbólico y haciéndolo inteligible en la esfera de lo espiritual y lo ideal».

El debate iniciado hace cien años está bien lejos de estar resuelto, y de ese misterio, como entonces, nace la mejor literatura. Y también la mejor ciencia. De hecho, Einstein estaba mucho más abierto a lo incierto de lo que aparenta la exactitud de sus teorías. Asombrado ante la realidad que iba desentrañando, escribió que «la ciencia no solo purifica el impulso religioso de la escoria de su antropomorfismo, sino que también contribuye a una espiritualización religiosa de nuestra comprensión de la vida».

La objetividad y la frialdad de la ciencia newtoniana y nuestro lugar en ella suponen un abismo no siempre fácil de asimilar. Y ante ese abismo, ¿cómo no entender a quien retrocede y busca cualquier cobijo conocido, por inconsistente que intuya que sea? Se lo preguntaba con escepticismo el narrador de *La montaña mágica*:

«¿Qué es ese "algo" —nos preguntamos, con el mismo espíritu de Lodovico Settembrini—, cuál es ese misterioso contratiempo que paraliza y anula el sentido común, que priva al hombre del derecho a usarlo, o, mejor dicho, le insta a renunciar a tal derecho en aras de la más insensata enajenación?». Alexander Grothendieck (1928-2014) fue uno de los matemáticos más brillantes del siglo y sus trabajos contribuyeron a la unificación de la aritmética, la geometría algebraica y la topología. Pero renegó de la ciencia en el cénit de su carrera y desapareció en los Pirineos, donde solo y ya convertido en ermitaño, se volcó en el misticismo. El matemático indio Srinivasa Ramanujan (1887-1920) hizo una suerte de camino inverso: desde su India natal, y gracias a una intuición formidable para las matemáticas, llegó hasta Cambridge para refinar unos conocimientos que, según decía, le transmitía una diosa. De la mano de G. H. Hardy, hizo contribuciones valiosas al análisis matemático, la teoría de números, las series y las fracciones continuas antes de morir prematuramente. Dos caminos opuestos que, en la esfera que representa el universo, terminan por encontrarse en lo que creen que es una huida.

El señor Albin, que fantasea en la novela de Mann ante un grupo de señoras con la idea de quitarse la vida, parecía dar la razón a Albert Camus, quien concluyó que «no hay más que un problema filosófico verdaderamente serio, y ese es el suicidio». Para qué todo ese esfuerzo que implica el día a día y cuál es su sentido último. ¿Para qué trabajar para ganar dinero? ¿Para qué ganar dinero? ¿Para qué amar? ¿Por qué el amor a los hijos? ¿Para qué los hijos? Camus veía en estas eternas preguntas sin resolver una lucha digna de librarse, como Sísifo llevando la piedra hasta la cumbre de la montaña, desde donde volvía a caer una y otra vez, haciendo eternos y absurdos sus esfuerzos. Ante la realidad futura de la nada, Freud identificó la pulsión de muerte como un método de precipitar lo inevitable y deshacerse así de un sufrimiento agravado por la angustia de la espera, como el que padece vértigo y siente cierta atracción por el abismo que lo aturde. En el comienzo de *¿Para qué la acción?*, Simone de Beauvoir habla de un pasaje que muestra bien esas dudas ante la inutilidad de todo esfuerzo. Merece la pena detenerse en trascribir la cita completa:

> Plutarco cuenta que un día Pirro hacía proyectos de conquista: «Primero vamos a someter a Grecia», decía. «¿Y después?», le pregunta Cineas. «Ganaremos África». «¿Y después de África?». «Pasaremos al Asia, conquistaremos Asia Menor, Arabia». «¿Y después?». «Iremos hasta las Indias». «¿Y después de las Indias?». «¡Ah!», dice Pirro, «descansaré». «¿Por qué no descansar, entonces, inmediatamente?», le dice Cineas.
>
> Cineas parece sabio. ¿Para qué partir si es para regresar? ¿A qué comenzar si hay que detenerse? Y sin embargo, si no decido

en primer término detenerme, me parece-
rá aún más vano partir. «No diré A», dice el
escolar con empecinamiento «¿Pero por
qué?». «Porque, después de eso, habrá que
decir B». Sabe que si comienza no termina-
rá jamás: después de B será el alfabeto entero, las sílabas, las palabras, los libros, los
exámenes y la carrera; a cada minuto una
nueva tarea que lo arrojará hacia una tarea
nueva, sin descanso. ¿Si no se termina nunca, para qué comenzar? Aun el arquitecto
de la Torre de Babel pensaba que el cielo
era un techo y que lo tocaría algún día. Si
Pirro pudiera extender los límites de sus
conquistas más allá de la tierra, más allá de
las estrellas y de las más lejanas nebulosas,
hasta un infinito que sin cesar huyera ante
sí, su empresa sería insensata, su esfuerzo
se dispersaría sin jamás recogerse en ningún fin. A la luz de la reflexión, todo proyec-
to humano parece, por lo tanto, absurdo,
pues no existe sino asignándose límites,

y esos límites, se los puede siempre fran-
quear preguntándose con desdén: «¿Por
qué precisamente aquí? ¿Por qué no más
allá? ¿Por qué razón?».

Que siempre haya algo por delante, un nuevo
hito tras haber pasado con esfuerzo por distintas metas volantes, puede ser considerado como
la inercia agotadora de Sísifo, pero también
como la naturaleza de aventura que tiene la propia existencia. En unas épocas predomina una
visión más derrotista, mientras que en otras pre-
valece un espíritu optimista, acorde con la con-
vicción de que los vientos conducirán a tierras
promisorias. Hoy, ante unos horizontes brumo-
sos, la propia inercia antropológica y evolutiva
nos hace preferir un mal vaticinio a ninguno
en absoluto, o una mala profecía al silencio frío
y gélido de un universo que no responde a ninguna plegaria. Pero es en la permanencia ante
el abismo donde todas las posibilidades están
abiertas. Incluso la de saltar y abandonarse a un

frenesí que se manifiesta en un desapego radical del mundo, como el de Grothendieck, o el de Nietzsche, que perdió todos los asideros con la realidad sobre la que pensaba y escribía.

No hay una división clara entre religiosidad, superstición y tinieblas, por un lado, y luz, razón y claridad por otro. Naphta no es el que se abandona o permanece, sino quien retrocede, de la misma forma que lo hace Settembrini, cada uno aferrado a su relato como a un salvavidas ante el abismo. Este último está componiendo una «enciclopedia del sufrimiento» humano ante la que quiere oponer una luz que deje atrás las tinieblas del pasado. Le gusta compararse con Prometeo, el personaje mitológico que trajo el fuego y, con él, la *iluminación* al género humano. Por su parte, Naphta se opone con el relato de la vuelta a las esencias inmutables, a la inmanencia de unas vidas que han perdido su conexión con una verdad que explica y justifica todas las penas de las que Settembrini hace de notario.

En el tramo final de la novela, Settembrini abandona el sanatorio y alquila un estudio encima del de Naphta. Ambos devoran libros y escriben en direcciones opuestas aunque sus vidas se solapan en el mismo espacio. Cuando Hans Castorp visita a uno, el otro acude a la conversación para discutirle, y el joven les escucha con gran interés, aunque no termina por aferrarse a ninguno de sus relatos. Cuando, sin permiso del médico, sale a pasear por las montañas y es sorprendido por una ventisca, tiene una epifanía. Mann no escatima en páginas para exponer a Castorp por primera vez ante la muerte. Lleva una temporada en el sanatorio, ha visto a enfermos padecer y perecer, pero es aquí, en esta excursión solitaria y desdichada donde esta lleva su nombre. La ventisca lo lleva y lo trae, confunde sus pensamientos y su sentido del tiempo. Acurrucado en un refugio de montaña que ha encontrado de milagro, consigue sobrevivir. A su regreso, no queda un fatalismo asustadizo ni una introspección paralizante ante los riesgos de la vida. Entiende que aquella experiencia le ha transformado, aun sin saber cómo ni por qué: «Allí arriba, Hans Castorp se mostraba muy valiente... si por valor ante la fuerza de los elementos entendemos no un arrojo inconsciente en su relación con ellos, sino una devoción plenamente consciente y un dominio del terror a la muerte motivado por la simpatía hacia ellos».

Ante el abismo, Castorp no solo no retrocede, sino que aguarda abierto y esperanzado. No en vano, Mann lo define como un buscador: «En una palabra, la montaña mágica es una variante del templo iniciático, sede de una peligrosa investigación que persigue el misterio de la vida, y Hans Castorp, el "viajero que se ilustra", cuenta con harto distinguidos predecesores mítico-caballerescos: es el típico, el más curioso neófito que abraza voluntariamente, demasiado, la enfermedad y la muerte, porque ya su primer contacto con ellos le proporciona la promesa de una comprensión extraordinaria, de increíbles aventuras, naturalmente unidas a un riesgo equiparable». Las de la ventisca son algunas de las páginas más memorables de la novela. Apenas unos minutos de la narración que Mann estira y encoge para hacernos perder, como al protagonista, la noción del tiempo transcurrido —y del tiempo leído—. Hay recuerdos, sueños e intuiciones iluminadoras que, lejos de perturbarle, le infunden un nuevo ánimo repleto de preguntas cuya falta de respuestas son motivo de gozo. Castorp se pregunta cómo se puede saber y recrear en la mente una cosa semejante, algo tan maravilloso y espantoso. De dónde vendrán las figuras y las tramas de los sueños. De dónde habrá salido la imagen de esa bella bahía sembrada de islas que le visitó —y que él *visitó*— durante las horas de inconsciencia. Por eso Castorp no vuelve igual de ese viaje y, recordando a los personajes de su sueño, afirma haber deseado con toda su alma quedarse con ellos y no con Naphta o Settembrini. Ambos se le aparecen ahora con la luz molesta de la charlatanería:

El uno es lascivo y perverso, y el otro no hace más que tocar su pequeño silbato para llamar a la razón y no cree que así puede devolver la cordura incluso a los locos. ¡Qué mal gusto! Esta es una visión de la vida vilmente filistea, una concepción ética vacía, irreligiosa; eso está claro. Ahora bien, tampoco quiero, ni mucho menos, pasarme al bando del pequeño Naphta, a su religión, que no es más que un *guazzabuglio* de Dios y del diablo, del bien y del mal, lo ideal para el individuo que se tire de cabeza a fin de fundirse místicamente con lo universal.

William Faulkner escribió que una cerilla no sirve tanto para alumbrar en la oscuridad como para mostrar el horror de las tinieblas. Dicho de manera menos gótica y sureña, Faulkner apuntaba a que la luz sirve para saber cuánto desconocemos aún. Uno de sus discípulos literarios, Juan Benet, decía algo parecido al hablar de pensadores que habían decidido vivir en el espacio iluminado solo por la ciencia o por Dios; fuera de ese campo estrecho todo son tinieblas y misterio. Para Kierkegaard el comienzo de la filosofía no está en el asombro, como para los antiguos, sino en la desesperación. Hoy podemos afirmar que el asombro tiene razones para ayudarnos a decir ante las tinieblas lo que el filósofo danés dijera en ese trance: «He mirado a los ojos de lo horroroso y no he sentido temor». Una sensación parecida me invade cuando me acerco a aquello que resiste la clara luz de la ciencia y la tecnología más refinadas. Lo horroroso del sinsentido tiene un lado luminoso que reverbera en mí y me empuja a seguir asombrándome. En su reverso hay una deriva existencial que me arrastra a olvidar cualquier esperanza, sentido o verdad. Mi vida transcurre pendiente del lado del que cada día, al levantarme, caiga esa moneda que antes de dormir echo al aire con el ánimo de reconocerme en estos versos de Dylan Thomas: «La pelota que arrojé cuando

jugaba en el parque / aún no ha tocado el suelo».
No siempre hay suerte —casi nunca—, pero aún
resisto ante cualquier docreto de cierre, ante el
final de cualquier grandeza.

Intermezzo **arlesiano**

Hace unos años viví unos meses en Arlés. En aquella pequeña ciudad provenzal trabajó y sufrió Van Gogh. Me alojaba, de hecho, en uno de los lugares pintados por él, el antiguo hospital donde fue atendido ante los primeros síntomas de perturbación mental, hoy convertido en la Escuela Internacional de Traductores Literarios de Francia. Allí estuve invitado para traducir al español parte de la correspondencia del marqués de Sade y para escribir sobre algunas rutas de viaje por los pueblos de la zona en los que vivieron o tuvieron casa el libertino aristócrata, Albert Camus o el poeta René Char. Recuerdo la impresión que me dejó entonces, en 2009: una ciudad ruinosa y abandonada, con un encanto inmediato que no percibí decadente, sino decepcionante. Viniendo de la Costa del Sol, me sorprendía que las calles se vaciaran tan temprano o que fuera tan difícil tomarse una cerveza al final del día, y que, en caso de poder hacerlo, fuera tan cara. Las riberas del imponente Ródano, al que la ciudad parece dar la espalda, estaban descuidadas. Las recorría un paseo con el firme levantado y cuarteado que pasaba por delante de la iglesia gótica de los dominicos de Arlés, ya desacralizada. Un poco más al este, los restos de la ciudad romana: el anfiteatro, el teatro antiguo, el foro, los criptopórticos, las termas de Constantino, las murallas del castro romano o la necrópolis. Porque Arlés, fundada por los griegos en el siglo VI a. C., fue una ciudad crucial para el entonces Imperio romano, y una de las primeras urbes importantes fuera de la península itálica.

Para competir con Marsella, los romanos construyeron en el 104 a. C. un canal que la conectaba con el mar, tan importante para el comercio.

A principios de 2023 volví a la ciudad. Ana, mi mujer, no la conocía y quería visitar la Provenza, así que decidimos hacer una estancia de un día en nuestra ruta hacia Bruselas, donde yo había comenzado un nuevo trabajo unos meses atrás. Nos alojamos en un pequeño hotel, junto al anfiteatro, y lo que debía haber sido un viaje breve y de paso, se convirtió en una estancia de cinco días: cada mañana, al despertarnos, decíamos al recepcionista que, si nuestra habitación seguía disponible, nos quedaríamos un día más. La ciudad no había cambiado, e incluso lo que entonces me disgustaba, se habían agravado. Pero mi mirada era otra, y paseaba por sus pequeñas calles con la sensación de estar en una ciudad hecha expresamente para mí. Si hace más de una década su tamaño me parecía pequeño, ahora, tras haber sufrido las incomodidades de megaurbes como Bogotá o Ciudad de México, o de grandes capitales como Madrid o Buenos Aires, su dimensión me parecía perfecta. Arlés está hecha a la medida del ser humano: se puede atravesar en bicicleta por sus calles poco transitadas; los comercios son coquetos y refinados, lejos de la estandarización de las grandes cadenas, y la oferta gastronómica es nutrida. Buenos vinos, mejores quesos y derivados, como el *fromage blanche* que cautivó a Ana. Cafés agradables. Galerías de arte y buenas librerías. Allí, a pesar de las tan centralizadas cultura y política francesas, están la sede de Actes Sud, una de las principales editoriales del país, o la *librairie* BD, especializada en cómics, a los que cada día soy más aficionado.

Se puede seguir la huella española de los hijos de exiliados de la Guerra Civil, cuya presencia insisten en reivindicar hoy sus nietos. Mauricio es descendiente de aragoneses y chef de un pequeño restaurante de la Rue de la République. Emilio es uno de los recepcionistas del hotel, y, a pesar de su español algo oxidado, disfruta al hablarlo, con una amabilidad exquisita y un toque de inocultable orgullo. También se percibe ese rastro español en la Place du Forum, presidida por una estatua modesta del escritor Frédéric Mistral (1830-1914), defensor del provenzal como la «primera lengua literaria de la Europa civilizada». Allí se encuentra el bar Le Tambourin, decorado con carteles antiguos de corridas de toros españolas, viejos recuerdos con algunas palabras en castellano y fotografías de lugares reconocibles de España que evocan la memoria en el exilio. La taberna reúne a descendientes de españoles que, si bien charlan entre ellos en francés, ocasionalmente pronuncian alguna expresión de camaradería en castellano, como cuando ven allí los partidos de fútbol de la Liga española, o de la Champions si juega algún equipo español.

A su lado está el café La Nuit, en la memoria de todos por sus paredes amarillas pintadas por Van Gogh, y lugar preferente para fotografías en la posición y perspectiva del cuadro. Le hice

varias a Ana con Miguel en sus brazos, pero la
cerveza nos la estábamos tomando en el bar de al
lado, donde estaban frías y a un precio razonable.
Eso me gusta de Arlés: es una ciudad que te da la
bienvenida, pero que no reserva el salón para las
visitas, sino que utiliza la mejor parte de la casa
para acomodo y disfrute de quienes viven en ella.
Los invitados y los curiosos tienen su lugar, sus
alicientes, sus museos y monumentos que visitar,
pero la vida allí no gira en torno a ellos como en
las ciudades más turísticas de la Costa del Sol,
en la que nací y crecí. ¿Sentía, quizá, nostalgia de
otro tiempo? ¿De uno que Arlés, con su sencillez,
su austeridad y sus dimensiones, me mostraba?

La nostalgia no es algo propio de nuestro
tiempo, sino una condición de fondo del ser
humano. Hay épocas en que parece sumergida
y silente, y en otras emerge con una fuerza que
incluso domina la conversación pública y los
ánimos políticos. Como explica el filósofo Diego
S. Garrocho, si bien «la añoranza es una experiencia distintiva del ser humano por cuanto

existe una forma específica de extrañar una ausencia inconcreta y fictiva, esta determinación humana parecería haberse conjurado con la historia [...] para hacerse más presente y más perfecta a partir de la modernidad». En los extremos, unos argumentan la incontestabilidad del progreso y blanden datos que lo confirman. Steven Pinker, Johan Norberg o Hans Rosling han escrito para defender no que vivamos en el mejor de los mundos posibles, sino en uno mejor que los que dejamos atrás, con sus plagas y sus pandemias sin vacunas, con sus cirugías sin anestesia. En el otro lado, los nostálgicos políticos: autores y pensadores con hipersensibilidad a una decadencia que ven por doquier; figuras que han condenado nuestra época y han rebuscado en el pasado las retropías por las que conviene luchar. Les ocurre lo que a Romano, ese personaje veterano de *La gran belleza* que, tras años de esfuerzos por convertirse en actor, ha perdido la voluntad de la juventud: ya no planean o imaginan propósitos para después del verano, sino que pasan sus días recordando aquellos que hicieron y no se cumplieron durante los años en los que aún conservaban el deseo de imaginarlos «¿Qué tenéis contra la nostalgia, eh? Es lo único que nos queda a los que no creemos en el futuro. ¡Lo único!». ¿Realmente añoran tantos otros tiempos? Cuesta creerlo, siendo como es la historia un repositorio de sufrimiento y penurias.

En medio de ambas posiciones están los que aún se resisten a considerar muerta la idea de progreso o a dar por imposible la construcción de nuevos horizontes promisorios. Pasteur, entre los muchos ejemplos que pueden exponerse, no encontró el impulso de su método revolucionario para eliminar microorganismos letales en ninguna beca ni en ninguna oportunidad financiera o empresarial, sino en las muertes prematuras de tres de sus hijos, que le hicieron rebelarse contra un destino aciago. Si se hace con verdad, mirar atrás es mirar el horror.

Claro está que quien mira al pasado con ojos vidriosos de melancolía no abjura de la ciencia

y la tecnología que nos han procurado bien-
estar, comodidad o, al menos, mitigación del
dolor físico cuando ya no cabe más que pedir
eso. Hay algo tramposo en hacer una elección
interesada de aquello que sí se querría conservar y descartar el resto: la casa de los abuelos
sí, pero el machismo no; la estabilidad laboral
sí, la homosexualidad en el armario no. Como
si las épocas no fueran un todo. Sin embargo,
hay en esa mirada hacia el pasado un impulso
que no se debe despachar a la ligera, pues nos
dice algo de un anhelo presente que yo, cada
día más, sospecho que no es por otro tiempo,
sino por otro espacio. El nuestro es un mundo
hiperconectado y complejo en el que los días
han perdido su apariencia analógica para ser
integrados en la inmaterialidad de lo digital.
En el que las economías locales en las que se
conocía y presenciaba el proceso de fabricación
casi al completo de un producto se han convertido en cadenas de valor internacionales en las
que todo queda demasiado lejos. Tenemos más

productos, mejores y más baratos que antes, pero no el sentido que adquirían ante nosotros en una economía a la vista.

Es el proceso de pérdida de sentido que reveló el sociólogo Richard Sennett en *La corrosión del carácter,* su libro de la década de 1990 en el que analizaba la transformación de las tiendas artesanas de su barrio de infancia en comercios estandarizados de venta. No es nostalgia de ninguna materialidad perdida de otro tiempo, sino de sentido y, por tanto, de otro espacio. No nos olvidemos de ello cuando volvamos a pensar nuestros pueblos, nuestras ciudades y las relaciones comerciales y socioeconómicas en las que nos obliga a pensar el cambio climático y el Antropoceno. Arlés nos lo recuerda y nos señala un posible camino.

Ana me preguntaba cómo es que alguna vez pudo no entusiasmarme esta ciudad, y lo único que se me ocurría responderle era que entonces debía de ser medio idiota, seguramente por la edad. Aquella estancia en Arlés me confirmó cierta transformación interna. Tal y como la que Borges describió en el prólogo de su libro de poemas *Fervor de Buenos Aires*: «En aquel tiempo, buscaba los atardeceres, los arrabales y la desdicha; ahora, las mañanas, el centro y la serenidad». Me imaginaba viviendo en alguna casa de piedra clara con postigos de madera de un verde manzana, de un azul celeste o de un burdeos oscuro, y yendo cada mañana a una panadería a por cruasanes.

Viajábamos con Miguel, de apenas dos meses, y con Montalbano, el perro, que siempre que nos encontrara cerca estaba feliz; le daba igual Arlés, Fuengirola, Madrid, Tolox, Coín, Bruselas o Molpeceres. Aquel lugar tenía algo parecido al sanatorio de Davos donde Hans Castorp trataba de reponerse de su tuberculosis: un sitio donde la confusión espacial de tiempos históricos distintos y lejanos invitaba a perder la noción de la realidad. Al salir de noche a pasear a Montalbano tras un día de largas caminatas, subí hacia el anfiteatro, lo rodeé y me paseé por el barrio más al este. La media hora de paseo habitual se alargó porque, con escasa luz y las calles todas parecidas en su estilo provenzal, me perdí. En vez de salir de nuevo al anfiteatro, me encontré frente a la austera iglesia de Notre-Dame de la Major, cerca de la muralla y del cementerio. Callejeé en lo que creía que era un regreso al punto de referencia, pero los callejones me llevaron a una balconada que daba a las ruinas del teatro, más al sur. Ana me había escrito para saber si estaba bien: comprobé en el teléfono que llevaba más de hora y cuarto de caminata y que, en realidad, estaba a menos de cincuenta metros del hotel. Había llegado allí de casualidad, con la despreocupación del *flâneur* y el deseo de alargar el placer que me estaba dando aquella ruta inesperada. Sabía dónde estaba, pero no cómo había llegado hasta allí. Una metáfora perfecta de casi todo.

Al día siguiente, y tras volver a decirle al recepcionista que alargábamos un día más nuestra estancia en el hotel, dedicamos la mañana a visitar las ruinas romanas con más detenimiento. El recorrido por el anfiteatro era de pago y resultaba decepcionante comparado con el de otras ruinas romanas de España e Italia. En parte porque sigue teniendo uso como coso taurino y las gradas metálicas escondían la piedra. Sin embargo, me impactó conocer su historia reciente, explicada en carteles en francés e inglés a lo largo del recorrido. Me fijé en algunos dibujos que mostraban el lugar copado de pequeñas y humildes casas apiñadas en su interior. ¿En qué momento la mirada cambió y se reencontró con el valor del anfiteatro? ¿Cuándo y por qué alguien entendió que aquellas casas en su interior eran aberrantes frente a una belleza que debía volver a mostrarse tal cual fue? Hay algo fascinante en la transformación de una subjetividad que pasó de utilizar despreocupadamente aquellas ruinas como cantera, para construir casas o infraestructuras en la Edad Media, a otra en la que había que desmantelar aquellas heridas intolerables y recuperar un esplendor y, con él, un misterio, y, con el misterio, una esperanza.

De la misma forma, hay algo fascinante en la mirada de los pobres, de la cual hoy no podemos saber mucho, pero a la que se le atribuye un menor refinamiento que a la del turista o el viajero romántico. Pensando en Walter Benjamin y en su manera de leer la historia, quizá el verdadero patrimonio está en las voces de esos desarrapados que construyen sobre las ruinas de la historia, que es también una forma de llenar el pasado de sentido. Porque el abandono del anfiteatro, o de la Alhambra y tantos monumentos hoy venerados, fue un abandono institucional, pero no uno real: fue habitado, resignificado y reutilizado. Okupado, que diríamos hoy. Desde luego, esta mirada es mucho más moderna o incluso posmoderna, y no romántica ni renacentista. Pero desde ahí puede hacerse una lectura simbólica y positiva de esas casas o de ese arrabal construido sobre las ruinas del anfiteatro, que no necesariamente ha de leerse como basura, escombro, ruina. En la indeterminación y contingencia de los monumentos también hay misterio y esperanza. No hay fronteras claras entre el escombro y el diamante, entre la ruina y el tesoro.

La mirada renacentista primero y la romántica después sacaron brillo a una obra enterrada no tanto por nuevas edificaciones como por una mirada que no consideraba valioso lo que tenía delante. Imagino a visitantes en el anfiteatro preguntándose cómo podían haber construido allí aquellas casas, asombrados ante la indiferencia de sus moradores, ocupados en menesteres de supervivencia. Sobre un tesoro y con las piedras del tesoro. De la misma forma que ocurrió en la Alhambra de Granada, abandonada como refugio de pobres y malvivientes, y hoy contemplada con ojos maravillados —como en su día los del escritor Washington Irving— de quienes hacen cola y pagan por verla. Como tantos otros sitios que solo eran cascotes hasta antes de ayer en tiempo histórico. Me preguntaba, entonces, qué tesoros estarían ante mis narices cuyos encantos no era ni soy capaz de ver, pero que quizá otros, como los viejos pobres de tantas ruinas del pasado, estarían reutilizando. Qué objeto o qué hipótesis o teorías percibía con la normalidad de la inercia. Qué escombrera estaría llena de diamantes. En un momento determinado, aquel pasado sin valor se tornó en cimiento del presente y guía del futuro. No hubo que ir en busca de ninguna aventura excéntrica para sentir el latido de una conexión con algo que trascendía la insignificancia del ahora. El pasado olvidado dando consistencia, sentido y forma al porvenir. El escritor y físico Agustín Fernández Mallo ha llamado «arqueología inversa» a una mirada histórica que no se limita a ir del pasado al presente, sino a la inversa. La tradición y el sentido histórico se construyen sobre los restos y los detritos de la generaciones pasadas, de lo que alguien una vez consideró basura. Urge una mirada que llene el pasado de presente, lo actualice y lo llene de sentido. Algo similar a lo que hizo Charles Darwin al observar las criaturas vivas, entonces eternas e inmutables, creadas por una deidad todopoderosa. En ellas supo ver la fascinación del cambio, de sus mecanismos y, por tanto, de la realidad de una historia abierta a nuevos horizontes.

Ese pensamiento no se fue de mi cabeza en los dos días posteriores. Quería volver a la librería de Actes Sud —en la planta baja de la editorial, frente al Ródano— a comprar algunos libros que tenía ya apuntados, pero especialmente a dos de las librerías de viejo del centro que había visitado años atrás, en concreto una con el anodino nombre informativo de Livres Anciens: Achat-Vente, en cuyo escaparate me paraba cada vez que pasaba por la calle 4 de Septiembre: mapas, grabados, carteles antiguos y libros. No solo ni principalmente sobre Arlés, sino de cualquier tema sobre el que uno quisiera indagar. Me entretuve en dos estantes; uno contenía manuales de medicina de principios del siglo , y otro farmacopeas y libros de botánica con ilustraciones de la misma época. ¿Habrían estudiado mis abuelos —uno

médico, farmacéutico el otro— con alguna tra-
ducción de aquellos mamotretos?

Livres Anciens estaba regentada por un
librero que parecía extraído de algún tipo de
recortable de *franceses típicos*. Edad para ser
joven en el 68, delgado, jersey de lana gorda,
canoso, calvo pero con melena blanca y desor-
denada a ambos lados de la cabeza. Con un aire
al cantante francés Leo Ferré —o al periodista
musical Joaquín Luqui—. Y, sin mucha sorpresa
pese a las leyes que lo impiden, con un cigarrillo
encendido en la boca que no trató de disimular
cuando entré a preguntar dónde podía encontrar algo sobre la Arlés romana. El olor era una
mezcla de papel viejo y nicotina concentrada
tras muchos años de combustión. No lo roman-
tizaba; como asmático que soy, aguanté menos
tiempo del que me hubiera quedado sin aquel
olor. Al final me llevé el primer tomo de una
obra en varios volúmenes con fotos sobre la presencia de los romanos en la ciudad y los restos
que estos dejaron.

Sentados en la plaza y con una cerveza delante —y otra dentro—, volví a leer en el libro que el cambio en la percepción sobre las ruinas no se dio en un momento concreto. No fue un eureka o un desmayo stendhaliano ante una belleza tan grande que se hacía indigesta. Se produjo a lo largo de un tiempo dilatado en el que, piedra a piedra, paso a paso, la mirada nublada se iba aclarando hasta enfocar una realidad deslumbrante y definida. Aunque la ciudad moderna que es hoy, con sus restos del pasado a la vista, es posterior al Renacimiento, el verbo *renacer* describe de forma cabal lo que supuso aquel tiempo de redescubrimiento. No uno que falsificaba el pasado para encauzar pasiones tristes y aprovecharse de ellas. Sino uno que servía para dotarse de un nuevo impulso, consciente de la grandeza y el misterio de una realidad abierta. Una idea de progreso que no renegaba del pasado, sino que lo convertía en resorte hacia el futuro. Una piedra de toque en el edificio de nuestro relato común.

¿Dónde están hoy esos lugares? ¿Dónde debemos enfocar la mirada? Pienso en la ciencia y sus fronteras cada vez más usadas. En la mecánica cuántica y sus misterios. Al fin y al cabo, más de la mitad del universo es algo que hemos dado en llamar materia oscura porque las ecuaciones nos dicen que debe estar ahí, pero que apenas hemos conseguido captar. El primero que nos lo contó creyendo haberlo demostrado fue el astrónomo suizo Fritz Zwicky, quien en la década de 1930 del siglo pasado observó que algunos grupos de estrellas se movían más rápido de lo que los modelos podían explicar. La masa visible no justificaba su velocidad, de modo que el científico estudió la posibilidad de que operaran una materia y una energía oscuras que explicaran su movimiento. Aquella idea fue fundamental para hacer inteligible el cosmos, aunque fuera formando parte de una gigantesca incógnita. ¿Como la suspensión voluntaria de la incredulidad con la que, según Samuel Coleridge, encaramos la lectura de las novelas? La materia visible, como la que componen los planetas o las estrellas, solo supone el 5 % del universo. La materia oscura, de la que solo vemos sus efectos indirectos, es el 25 %. El resto, la aún más misteriosa energía oscura.

Esa oscuridad indeterminada nos sirve en teoría, pero contiene en sí tantas preguntas como respuestas posibles. El edificio de las certezas más consolidadas se sostiene sobre cimientos débiles, o menos indubitables de lo que la fuerza de las aparentes certezas y conclusiones nos sugiere. Hay algo fascinante en que, hasta entrado el siglo xx, la vida en otros planetas fuera una creencia extendida, casi una certeza impulsada por la fuerza de la estadística. Uno se imagina a tantos observadores ante los cada vez más refinados telescopios creyendo que un semejante saludaría al otro lado en algún momento. Nada que ver con la ufología más paranoide y conspirativa. Es algo mucho más sencillo: igual que había alguien en cada rincón de la Tierra donde otro ponía un pie tras meses de travesías penosas en barco, debía haberlo tras días en cohetes y naves en un universo que cada noche mostraba su esplendor en un mundo sin contaminación lumínica. Además, un habitante de cualquier capital importante veía algo parecido en el cielo nocturno a lo que contemplaba la familia del labriego en medio del campo.

En apenas unos años, tras teorías y descubrimientos asombrosos a comienzos del siglo pasado, de avances teóricos y prodigios tecnológicos en forma de telescopios y radiotelescopios, hemos pasado de la seguridad de dicha presencia a su reverso más nihilista: no hay nadie, el todo está vacío y es, en último extremo, la nada. Incluso nuestro origen es la nada: un Big Bang que nació de la concentración insoportable de energía en un punto sin pasado y, por tanto, sin explicación ni sentido. Nuestra época parece mucho más cercana al pensamiento de Enrico Fermi, quien a mediados del siglo preguntaba sobre la vida en otros planetas: «¿Dónde están?

¿Por qué no hemos encontrado trazas de vida extraterrestre inteligente, por ejemplo, sondas, naves espaciales o transmisiones?». Un principio que tiene un evidente aroma a decreto de cierre, a decepcionante final de la aventura.

Cada vez que leo algo que desmiente a Fermi —más allá de alucinaciones o especulaciones sin base alguna de las que tanto proliferan en redes y programas—, que muestra el universo como algo abierto y aún sin explicar, me siento como alguno de aquellos viajeros que en Arlés pedían recuperar la mirada a una realidad que todos creían muerta. ¿En qué momento di por materia inerte el misterio de estar vivo en un universo cuya realidad solo conseguimos intuir y que siempre desmiente a sus portavoces? Schrödinger dijo que «la tarea no consiste tanto en ver lo que nadie ha visto todavía como en pensar lo que nadie ha pensado todavía sobre lo que todo el mundo ve». A Fermi podría decirle: nadie nos ha contactado, de la misma forma que nosotros no hemos contactado con nadie, pero existimos.

En Arlés y en tantos otros sitios sucedió algo parecido a lo que Borges cuenta en «Historia del guerrero y la cautiva»·

Venía de las selvas inextricables del jabalí y del uro; era blanco, animoso, inocente, cruel, leal a su capitán y a su tribu, no al universo. Las guerras lo traen a Ravena y ahí ve algo que no ha visto jamás, o que no ha visto con plenitud. Ve el día y los cipreses y el mármol. Ve un conjunto, que es múltiple sin desorden; ve una ciudad, un organismo hecho de estatuas, de templos, de jardines, de habitaciones, de gradas, de jarrones, de capiteles, de espacios regulares y abiertos. Ninguna de esas fábricas (lo sé) lo impresiona por bella; lo tocan como ahora nos tocaría una maquinaria compleja, cuyo fin ignoráramos, pero en cuyo diseño se adivinara una inteligencia inmortal. Quizá le basta ver un solo arco, con una incomprensible inscripción en eternas letras romanas. Bruscamente lo ciega y lo renueva esa revelación, la Ciudad.

¿Cuáles son las ruinas a las que tengo que volver para seguir hacia delante? No muy lejos de allí, Van Gogh debió mirar al cielo en numerosas ocasiones, quizá movido por una pregunta parecida. Lo que encontró en aquel mismo paisaje celeste se lo describió a su hermano Theo en una de las cartas que le envió durante su internamiento en el psiquiátrico de Saint-Rémy, cerca de Arlés:

> Confieso que no sé qué pueda ser, pero la contemplación de las estrellas siempre me hace soñar, tan simplemente como me hacen soñar los puntos negros que representan en los mapas las ciudades y los pueblos. ¿Por qué, me pregunto, los puntos luminosos del firmamento habrían de sernos menos accesibles que los puntos negros en el mapa de Francia? [...] Así como tomamos el tren para trasladarnos a Tarascón o a Ruán, tomamos la muerte para viajar a una estrella. Lo verdaderamente cierto de

este razonamiento es que, estando vivos, no podemos trasladarnos a una estrella; e igualmente, estando muertos, no podemos tomar el tren. [...] En fin, no me parece imposible que el cólera, el mal de piedra, la tisis, el cáncer, sean medios de locomoción celeste, como los barcos a vapor, los ómnibus y el ferrocarril lo son terrestres. [...] Morir tranquilamente de vejez sería como ir a pie.

El principio de la grandeza

Cuando era pequeño, entraba sin que me viera mi padre al pequeño laboratorio de la farmacia familiar. Mezclaba productos guardados en botes de cristal naranja oscuro que pertenecieron a mi abuelo o mi tatarabuelo: escuchaba burbujeos y observaba el humo ligero salir de aquellos tarros sin conocer las reacciones que los causaban. Ignorante de los peligros, me creía Gárgamel el de *Los Pitufos* en su laboratorio, o algún inventor chiflado como los de los dibujos y películas que veía entonces. Todo para mí estaba por descubrir. El mundo era pura potencia. Me iba a asomar a él gracias a una carrera científica. Cuando me preguntaban qué quería ser de mayor, siempre respondía lo mismo. yo quería ser *inventor*. Cómo se consiguiera formalmente eso era algo que entonces, con ocho o diez años, no me preocupaba. Hoy vuelvo la mirada a la ciencia y a las preguntas que en los libros de filosofía del instituto nos describían como primeras y últimas.

El impulso de los primeros filósofos de la escuela de Mileto era la búsqueda del *arché*, aquel dictamen del mundo bajo el que se plegaban todos los fenómenos del cielo y de la tierra. Una ley universal que más de dos milenios y medio después seguimos buscando. Teoría del todo, teoría de la gran unificación o teoría del campo unificado son los nombres que hoy canalizan aquella voluntad tan antigua de iluminar las tinieblas que nos rodean.

El avance prodigioso de la ciencia ha hecho ir mucho más allá de sus predicciones y previsiones, hasta alumbrar un mundo lleno de paradojas, contradicciones y magia. La física newtoniana salió con su luz en busca de víveres para un animal herido, pero, andando el tiempo, esa búsqueda terminó alumbrando un paisaje donde las leyes eran otras, y en el que la superposición cuántica se reía en la cara de los planos inclinados e incluso de las grandes leyes del espacio, que ya de por sí nos dejaban extasiados con su dimensión espacio-tiempo y las posibilidades que arrojaba. Ante esa sima, hay quien pierde el paso y se abisma en la angustia, como fray Luis de León, para quien el sabio no era quien entiende el mundo, sino el que se desentiende de él al darlo por incomprensible. Mientras, otros, como decía Bataille, se abandonan ante lo inasible «esperando que haya algo».

Entre estas dos posturas se mueven las conversaciones que Settembrini y Naphta tienen durante los paseos por las rutas cercanas al sanatorio. Escenas que Mann utilizaba para exponer un *crescendo* de la rivalidad intelectual que hay entre ambos: «¿Cree en una verdad objetiva, en la verdad científica que la ley más alta de toda moral nos impone buscar y cuyos triunfos sobre la autoridad constituyen la gloriosa historia del espíritu humano?», pregunta el primero. A lo que el segundo contesta: es «verdadero lo que es beneficioso para el hombre. En el hombre está comprendida la naturaleza entera, solo él fue creado auténticamente en toda la naturaleza, y toda la naturaleza fue creada solo para él». No se trata de abrazar la verdad líquida de la posmodernidad, sino de admirar cómo la ciencia ensancha el perímetro de la verdad en su fascinante camino: frente a un mecanicismo que disminuye nuestra participación y capacidad de intervenir en nuestras vidas, aparecen nuevos horizontes de misterio y conocimiento en los que dichas posibilidades se multiplican y, con ellos, las posibilidades de la aventura.

En su ensayo *El vuelco*, Kripal sugiere una suerte de síntesis entre los polos que representan Naptha y Settembrini, algo parecido a un camino al margen de creencias y razones, que se aleja tanto de la superstición increíble como del racionalismo mecanicista. Para él, esta tercera vía es el mejor camino hacia el futuro, hacia nuevas fronteras de conocimiento y concepciones de nuestra realidad. No serían formas de entendimiento ni religiosas en un sentido clásico ni científicas en el sentido materialista convencional: «Serán ambas cosas y ninguna de las dos. Serán otra cosa infinitamente distinta». Una forma de mirar el mundo y sus incógnitas que contradice visiones racionalistas y mecanicistas muy asentadas, como las defendidas, entre otros muchos, por los así llamados «cuatro jinetes del antiapocalipsis»: Daniel Dennett, Sam Harris, Richard Dawkins y Christopher Hitchens. Visiones que se han mantenido inalteradas pese a los nuevos conocimientos que desafían muchos de sus presupuestos. Dennett resume dicha posición al hablar de la mente: «una colección de procesos informáticos como los de un ordenador, que se desarrollan sobre una base de carbono». Así, el yo sería un centro de gravedad narrativo, «una ficción que nos permite integrar varias corrientes neuronales de datos». No hay lugar, en definitiva, para otra cosa que la concepción de la mente y el alma como montones de robots formados por neuronas perfectamente identificables.

Kripal es uno de los intelectuales que con más vehemencia defienden la síntesis de ciencia y humanismo, para él equivalente a la de materia y mente. Entiende que ese encuentro se impondrá por la propia naturaleza del conocimiento que estamos alcanzando y nos propone profundizar en la consciencia, en su realidad y en sus posibilidades; volver «a imaginar las humanidades, esta vez como *el estudio de la consciencia codificada en la cultura*». Frente a las sospechas de contaminación subjetiva, defiende el papel de los sentidos —y, por tanto, de la cultura que los refleja— como mediadores del mundo externo y el interno. En la querella de Bergson con Einstein sobre la naturaleza del tiempo, toma partido por el primero. Kripal se pregunta: «¿Alguna vez se ha parado el lector a escuchar con atención lo que dicen los físicos cuánticos o los cosmólogos sobre la naturaleza de la materia y la estructura del universo?».

Para la inmensa mayoría, sus respuestas son incógnitas que no aclaran nada; auténticas locuras que nos hablan de la no localidad, de relatividad, de entrelazamiento de partículas distantes que se comunican instantáneamente desafiando todas las leyes previas del espacio-tiempo, de universos paralelos o multidimensionales imposibles de imaginar en nuestros limitados cerebros, de energía y materias oscuras invisibles pero inferidas... Como suelen decir los propios físicos cuánticos, si creemos entender la mecánica cuántica, es que no la estamos entendiendo. Porque, como apunta Kripal, «el sello distintivo de la verdad cuántica es el disparate».

Los científicos y los médicos son potenciales productores de nueva literatura mística y visionaria. Algo que ya cuenta con autores más que reseñables, como Gregorio Marañón, Juan Benet, Rachel Carson o Tino Barriuso, el mencionado Fernández Mallo, Rebecca Elson, Carlos Briones o Lindsey Fitzharris, entre otros muchos. Por no hablar del mismísimo Borges.

Kripal nos invita a posar la mirada en campos enigmáticos como el de la neurociencia y sus ambiciosas investigaciones, pero también sobre las preguntas más elementales —¿qué es la consciencia?— o en biología —¿qué es la vida?—. Si la vida es algo que emerge en un determinado momento, una composición azarosa de materia, ¿cómo no preguntarnos si la inteligencia artificial, que parte de esa misma materia, pueda serlo también? George Whitesides, químico de la Universidad de Harvard, admite el salto epistemológico que implica hablar así: «La mayoría de los químicos creen, al igual que yo, que la vida surgió espontáneamente de mezclas de moléculas en la Tierra prebiótica. ¿Cómo? No tengo ni idea». Con las investigaciones más recientes, el viejo debate de mente y materia que creíamos resuelto de una vez se reinicia y regresan las dudas de la naturaleza esencial de la consciencia. Entre esos debates hay quienes esbozan nuevas hipótesis, como la de la mente como sintonizador más que como productor. Juan Arnau o el propio Kripal se han interesado por la idea del cerebro como una suerte de radio vieja que, para sorpresa de todos, consigue captar alguna frecuencia nítida. Algo que, en su osadía, podría explicar fenómenos que hoy nos son totalmente extraños y sobre los que ya investigara con asombro Jung. Como las ocasiones en las que creemos estar ante una intuición *fuerte* pero elusiva, como un sueño que hemos vivido como una aventura pero del que apenas recordamos nada —salvo el hecho de haberlo soñado y *vivido*— cuando aún con la cara hinchada del recién despertado intentamos contárselo a nuestra pareja.

A este tipo de momentos el filósofo William James los llamó *noéticos*, una palabra de origen griego que refiere a esas experiencias que conllevan un conocimiento directo que no puede reducirse a una mera cognición o información sensorial. «Un conocimiento directo de algo al margen del "filtro" del cerebro y sus diversas mediaciones cognitivas y sensoriales. La consciencia liberada de estos tapones y bloqueos simplemente conoce. He aquí otra forma futura de conocimiento que también es antigua», apunta Kripal.

A veces leo y releo, y estas notas me parecen disparates, linimentos para la incomprensión o, peor aún, para el dolor de la nada. ¿Se reirán de mí quienes me lean? Pero vuelvo a lecturas científicas y el propio concepto de lo imposible se tambalea. El propio padre de la física cuántica, Werner Heisenberg, lo afirmaba: «Algunos físicos preferirían regresar a la ida de un mundo real y objetivo cuyas partes más pequeñas existen objetivamente en el mismo sentido en que las piedras o los árboles existen independientemente de que los observemos o no. No obstante, esto ya es imposible». Kripal concluía que cuando cambian las reglas del juego y aparecen nuevos conocimientos, lo imposible se hará posible porque, en verdad, nunca fue imposible.

En todos los astronautas que han ido al espacio desde que Yuri Gagarin lo hiciera en 1957 —algo más de 550— ha estado presente lo que el periodista estadounidense Frank White bautizó como *overview effect* o efecto perspectiva. Parece ser que abarcar todo el globo terráqueo con la mirada es algo similar al estado de embriaguez. Se disipan miedos e incertidumbres, y la fascinación no brota de ningún conocimiento técnico, ni del potencial de ningún experimento a bordo, ni de ningún artilugio refinado con el que se pueden medir ondas o captar partículas, sino de algo que precede y que trasciende y que es más complejo de aislar y explicar. Algo similar a lo que le ocurrió a Hans Castorp durante la ventisca, y que tantas veces hemos leído. Experiencias intuitivas, difíciles de explicar racionalmente, pero que dejan un poso de verdad en el recuerdo. Las he vivido sin necesidad de exponerme a una ventisca, y creo que son bastante comunes. O más común de lo que solemos comentar en conversaciones cotidianas. No hay que ser un trascendentalista como Emerson, ni un poeta como Borges, ni tener una sensibilidad especial, ni una intuición más desarrollada que nos haga percibir todos los tiempos y los espacios en un grano de arena. Nadie habla de encontrar un Aleph con todas las respuestas. Es algo más inasible y elusivo, pero que ofrece un sentido inexpresable. Quizá por ello el arte, quizá por ello la música, en palabras de Victor Hugo, «expresa lo que no puede ser dicho y aquello sobre lo que es imposible permanecer en silencio». En su *Ética*, escribía Spinoza que el «asombro consiste en la imaginación de alguna cosa en la que el alma queda absorta porque esa imaginación singular no tiene conexión alguna con las demás», pero yo lo creo al revés, que el asombro nace de un sentido *intuido* y, valga la redundancia, *sentido* que se relaciona con todo lo demás. El efecto perspectiva.

Y sin embargo el mundo sigue desencantado para tantos. Max Weber lo achacaba a la creencia de que «fundamentalmente ya no intervienen fuerzas ocultas o imprevisibles», algo desmentido cada día por los nuevos hallazgos. Sorprende que necesitemos tanto esfuerzo para verle los pliegues y detalles a la vida y sus promesas. El decreto de cierre está íntimamente asimilado y no hay razón para ello. Deberíamos transitar recordando que, como dijo Cela, «en esta vida, recuérdalo, basta no estar distraído para estar maravillado». ¿Por qué esa inflación en el precio del asombro? De nuevo, quizá sean los avances tecnológicos que nos facilitan tantas cosas los que nos dificultan otras.

Desde hace unos años circulan por medios y redes las primeras imágenes que el telescopio James Webb envió desde su punto de equilibrio estacionario, a miles de kilómetros de distancia en el espacio. Todo es prodigioso en este acontecimiento, desde la construcción del telescopio en sí —con sus paneles modulares diseñados para estar plegados y caber en el cohete— a las imágenes del espacio profundo que nos ha regalado desde sus primeros días de servicio. El Webb está siendo, como era de esperar, otro gran partero de noticias de las que me gusta conservar, como está: «Nuevas fotos del James Webb apuntan a que la teoría del origen del universo es errónea. El telescopio espacial ha encontrado las galaxias más antiguas observadas hasta el momento, pero su edad y su enorme tamaño no cuadran con las actuales teorías sobre la formación del universo».

Sin embargo, la propia capacidad para crear imágenes para documentales, cine o series gracias a la tecnología ha hecho que en realidad las imágenes se parecieran a algo que ya habíamos visto. Lo nuevo ha sido que, esta vez, las imágenes eran reales, con todas las dudas existenciales generadas por el hecho de que la luz que llegaba al telescopio fuera en realidad la que emitieron los astros que hoy pueden no existir. No es poco, pero muestran la dificultad creciente para el asombro, rodeados como estamos de estímulos, de artificios y de representaciones sofisticadas. Me fascina la mera existencia de los agujeros negros predichos por

Einstein y su teoría de la relatividad general, así como el encomiable esfuerzo de los científicos por buscarlos con radiotelescopios que ofrecen imágenes aún borrosas de esos sumideros de materia, leyes y certezas. Pero no son pocas las veces que los hemos visto de cerca en películas como *Interstellar*, de Christopher Nolan.

Confieso que miro con interés y fascinación las imágenes del Webb, pero que no es con las imágenes con lo que últimamente me reencuentro con el asombro y la verdad. La capacidad de observación de los telescopios va por detrás de las posibilidades de representación verista de las tecnologías al servicio de las pantallas, y eso marca en mí un límite a la sorpresa y a la epifanía. Es en las palabras donde encuentro con más frecuencia ese momento de pausa e intuición, y por eso los libros —la literatura, los ensayos— siguen siendo para mí la mejor forma de goce, conocimiento y estupor —o, al menos, la más perdurable—. Como en *Helgoland*, libro del físico italiano Carlo Rovelli sobre Heisenberg, el principio de incertidumbre y la física cuántica. Un ensayo bellísimo en el que su autor citaba al escritor de ciencia ficción Douglas Adams para recordarnos una verdad básica olvidada entre tanta prisa y tanto descreimiento: «El hecho de que vivamos en el fondo de un profundo pozo de potencial gravitacional, sobre la superficie de un planeta cubierto de gas que gira alrededor de una bola de fuego nuclear a solo 90 millones de millas de distancia, y pensemos que esto es "normal", es un indicio cierto de cuán distorsionadas tienden a estar nuestras perspectivas».

Leo y me digo que no se trata de que encontremos el asombro o las promesas del misterio en los mismos lugares, sino de rechazar su imposibilidad y estar alerta ante sus apariciones cotidianas. En su poema «El templo de Poseidón», Borges, que siempre estuvo tan cercano a esas epifanías que narraron trascendentalistas como Emerson o Thoreau, escribió que no hay «una sola cosa en el mundo que no sea misteriosa, pero ese misterio es más evidente en determinadas cosas que en otras. En el mar, en el color amarillo, en los ojos de los ancianos y en la música».

Desde hace años tengo la costumbre de buscar situaciones en las que pueda estar seguro de que alguien de hace mil, dos mil o cuatro mil años hubiera vivido exactamente igual y detenerme en ellas. Momentos de desintermediación histórica en los que se borran de un plumazo todos los artilugios y todos los progresos. En los que, de alguna forma, uno vive en su momento histórico y en todos los momentos históricos. Si estoy en el monte y miro hacia una loma por la que no pasa ninguna carretera, en la que no hay ningún tendido eléctrico, ninguna casa, nada, es eso lo que viene a mi mente: esta visión es la mía, pero es también la que pudo tener alguien hace diez o quince siglos. No es fácil encontrar esos momentos y lugares: siempre hay algo —unas zapatillas demasiado modernas, un ruido artificial de fondo, una botella de plástico—, o alguien, que te recuerda que vives en este año, en este lugar, que has llegado hasta aquí por una autovía de asfalto en un coche nuevo con aire acondicionado, que has venido escuchando la radio o una canción a través de un móvil que almacena toda la música que en el mundo ha habido; que volverás a un edificio nuevo a cuyo ático te subirá un ascensor programado para hacerlo con una tecnología puntera. Pero es útil conseguir quitarse toda la cáscara y quedarse con lo que compartimos con quienes nos precedieron. Un instante puro que te acerca a una historia de la que nos suele separar un espeso filtro sepia. Se produce así una paradoja: para observar bien la historia, es necesario buscar una forma de salirse momentáneamente de ella.

Para conseguirlo, he aprendido a utilizar el mar. Cuando llego al sur, el baño inaugural de la temporada veraniega suele ser a última hora de la tarde y lo dedico a realizar esa primera parada. Nado unas decenas de metros y me quedo mirando hacia el horizonte, sin claraboyas ni barcos a la vista, con las orejas sumergidas para amortiguar el ruido de la autovía o la ciudad a mis espaldas. Extiendo los brazos y hago el muerto, miro a un sol declinante o un cielo naranja metálico con pocas nubes. No hace falta pensar en todas y cada una de las personas que, a lo largo de siglos y siglos, han compartido contigo un momento así: es algo más intuitivo, físico y placentero. No hay que recordar la historia para observarla, porque, al apartarse momentáneamente de ella, se han fundido el tiempo pasado, presente y futuro en uno solo, en este. Queda la memoria y el agradecimiento, y un proustiano aroma a sal marina.

Leer sobre los caminos que abre la ciencia es asomarse a un abismo tal que es inevitable que surja ante nosotros un descreimiento autodefensivo. Vuelvo a mi archivo, donde guardo noticias que me llamaron la atención y encuentro algunas como estas: «El universo puede tener un gemelo que va hacia atrás en el tiempo»; «Descubren inusuales ondas de radio surgiendo del centro de la Vía Láctea». También otras que hablan del Big Crunch, un planteamiento que postula que el Big Bang ha ocurrido ya multitud de veces, que el universo se expande —como temía con angustia indiferente el infante Alvy Singer— y después se contrae hasta volver a la unidad primigenia para explotar una vez que ha alcanzado cierto grado de intensidad energética; o de la teoría del gran desgarro, que defiende que el universo se estirará hasta su destrucción.

O casos concretos que refuerzan esa visión del cerebro como una caja de sorpresas. Pensemos en el caso del británico Stephen Wiltshire, un artista diagnosticado de autismo que es capaz de dibujar con precisión cualquier ciudad que mira desde el aire en un paseo general. Como si su mente no pudiera olvidar ninguno de los detalles que su mirada advierte aunque no preste demasiada atención. Según el teletipo de la agencia EFE que contaba su visita a Madrid, «el artista británico conocido como "la cámara humana"», comenzó a «dibujar de memoria Madrid, tras un paseo en helicóptero sobre la ciudad, en un lienzo en el que [...] ya se podían reconocer los alrededores del parque del Retiro». Wiltshire, «armado tan solo con una plumilla», pasaría «dibujando en el Palacio de los Deportes ocho horas cada día junto al público [...], para plasmar todo lo [...] grabado de la ciudad en su prodigiosa memoria». Antes ya había dibujado Londres, París o Nueva York.

El neurocientífico estadounidense David Eagelman creó una bonita forma de hablar de lo que no sabemos y que puede estar abierto a infinidad de posibilidades. En una parábola, nos pide que nos pongamos en la piel de un bosquimano que, en medio del desierto, ha encontrado una radio transistor:

> Supongamos ahora que emprendes un minucioso estudio científico de lo que causa esas voces. Adviertes que, cada vez que sacas el cable verde, las voces se detienen. Cuando vuelves a conectar el cable, las voces comienzan de nuevo [...]. Llegas a una conclusión evidente: las voces dependen

por entero de la integridad de la circuitería. En cierto momento, un joven te pregunta cómo unos simples circuitos cerrados de señales eléctricas pueden generar música y conversaciones, y admites que no lo sabes, pero insistes en que tu ciencia está a punto de resolver el problema.

Uno de los horizontes de conocimiento más contraintuitivos, que ya percibe y al que se dirige la física teórica, es el de las dimensiones extra que van más allá de las tres que conocemos y experimentamos, a las que hay que añadirle el espacio-tiempo. Cuenta la física teórica Lisa Randall que «el espacio arqueado no solo puede explicar la debilidad de la gravedad, sino también que una dimensión extra invisible puede extenderse hasta el infinito, siempre y cuando sufra una distorsión adecuada en un espacio-tiempo curvado». Podríamos estar viviendo en «una sima tridimensional del espacio, aunque el resto del universo se comportase como si fuera de dimensión superior». Por no hablar de la teoría de cuerdas, que lo complica todo al sostener que hay nueve dimensiones espaciales más una temporal. Randall se pregunta qué ha pasado con las seis dimensiones espaciales que faltan y por qué no son visibles, y concluye que se asombra de «lo poco que sabemos sobre el espacio en que vivimos» y sus infinitas posibilidades.

Hay tanto que no sabemos pero que está ahí que lo que sorprende es que hayamos bajado los brazos tan pronto. O que los hayamos mantenido bajados cuando ha habido una revisión en el VAR que nos dice que la jugada no está clara y que el gol hay que reconsiderarlo. «No sé quién me ha puesto en el mundo, ni qué es el mundo, ni qué soy yo mismo; me encuentro una terrible ignorancia de todo», escribió Pascal. Pero, más que como una losa que somos incapaces de levantar, es mejor contemplar esa ignorancia consciente como, en palabras de James Clerk Maxwell —padre de las ecuaciones que nos explicaron el electromagnetismo— «un preludio de todo avance real en el conocimiento». Randall cuenta que al principio se sintió atraída hacia las matemáticas y las ciencias por la certeza que prometían, pero que hoy considera «las cuestiones sin contestar y las conexiones inesperadas casi igual de atractivas». Por eso la bióloga y conservacionista estadounidense Rachel Carson escribió que aquellos que moran, tanto científicos como profanos, entre las bellezas y misterios de la tierra nunca están solos o hastiados de la vida: «Cualesquiera que sean las contrariedades o preocupaciones de sus vidas, sus pensamientos pueden encontrar el camino que lleve a la alegría interior y a un renovado entusiasmo por vivir».

Todo es tan extraño que lo raro es que hayamos conseguido llevar una vida cotidiana razonablemente normal, de irnos a la cama tranquilos y confiados porque sabemos que el sol saldrá por la mañana por donde acostumbra, que las plantas seguirán haciendo la fotosíntesis; que iremos al mercado, nos darán los buenos días y habrá alimentos en las estanterías. El asombro de esa rutina emerge en momentos en los que la vida nos pone ante el misterio y, también, ante el desamparo, como ocurrió durante la pandemia. Los aplausos colectivos en los primeros compases de aquel drama resonaron en lo más profundo de nuestras soledades. O en momentos de éxtasis amoroso, o en el abrazo que no viene a cuento de un hijo temeroso de la noche. En esos instantes siempre suele haber alguien querido que conecta con la totalidad mayor y que nos acompaña de una manera que lord Byron captó como nadie:

Se entregó a meditaciones sobre sí y el universo,
sobre lo maravilloso del hombre y las estrellas
y de cómo diablos han llegado hasta allí.
Y también meditó sobre las batallas y terremotos,
cuanto espacio circunda la luna con sus órbitas,
globos sutiles y franjas diversas,
hasta un perfecto conocimiento de los cielos
    insondables,
y entonces rememoró los ojos de doña Inés.

Mi hermano Rafael, que comparte mis inquietudes y las alimenta, lee mucho a António Lobo Antunes y siempre que lo cuento estas cosas me recuerda una de las anécdotas que contaba el escritor y psiquiatra portugués, a quien uno de sus pacientes, que padecía algún tipo de esquizofrenia, le informó de que lo que le ocurría al mundo era que estaba hecho por detrás. Signifique eso lo que signifique, uno no deja de darle ocasionalmente la razón a ese enfermo, en quien parece atisbarse la lucidez de la que hablaba Antonio Machado, para quien el loco purga el pecado ajeno de la cordura. No quedan muy lejanas las conclusiones del cosmólogo y profesor Charles Lineweaver. Al terminar una de sus investigaciones dijo que «el universo podría ser un agujero negro del revés». ¿No estará sintonizando con algo que a mí se me escapa? ¿Qué longitud de onda le permite reconocer otros abismos y le impide conectar con los que viven los demás? Una mayoría que lo contempla con compasión y extrañeza.

Preguntas y abismos que, mientras sigan sin respuesta, albergan la esperanza y la aventura. Frente a la resignación y aburrimiento del niño que ya conoce el truco del mago que entretiene a sus primos menores en un cumpleaños, tenemos la suerte de estar ante una realidad mágica cuyos sortilegios nos afanamos en desentrañar, y cuanto más cerca creemos estar de conocer sus artes, más amplio parece nuestro desconcierto y su capacidad de generar sorpresa, pasmo, asombro. Como cuando entraba clandestinamente en el laboratorio de mi padre. El ser humano puede contemplar la cuenta atrás hasta que el Sol se apague o el universo se enfríe sin remedio como un niño ante una prueba cronometrada en la que dispone de un tiempo limitado para encontrar una salida. Como un drama en vía muerta o como un juego en un camino entre brumas.

No hay razón para el hastío, para el aburrimiento sobre el que reflexionaba el narrador de *La montaña mágica* al describir, hacia la mitad del libro, la rutina del balneario para tuberculosos en el que reside Castorp y sus consecuencias: «La costumbre hace que la conciencia del tiempo se adormezca o, mejor dicho, quede anulada, y si los años de la niñez son vividos lentamente y luego el resto de la vida se desarrolla cada vez más deprisa y se acelera, también se debe a la costumbre». Tenemos una dificultad para percibir el asombro que se resume en una relación problemática con el tiempo. Sabemos de la necesidad de introducir cambios, romper patrones e impulsar nuevos hábitos para mantenernos vivos y alimentar nuestra percepción y nuestra experiencia del tiempo y, con ellas, renovar nuestras ansias por la vida. Necesitamos tanto de las nuevas aventuras como del espíritu que las anima.

En una entrevista, el exministro de Cultura Javier Solana pronunció una frase que retumbó en mí y que sigue danzando y emergiendo cada cierto tiempo en mi cabeza. Le alimentaba más el deseo de vivir que la vida misma, que era lo contrario al *carpe diem*, dijo. Me reconocí en esa afirmación porque si algo echo en falta no son los alicientes cotidianos —que, en todo caso, suelen ser un problema por apabullantes, no por inexistentes o escasos—, sino aquellos que les dan sentido y los trascienden. El *porqué* que sostiene cualquier *cómo*. De la misma forma que, desde un punto de vista social, unos medios refinados solo pueden generar frustración si no encontramos los fines en los que aplicarlos. De nada valen los unos sin los otros, pero a estos últimos es más difícil identificarlos, y quizá resida ahí parte de nuestra angustia. Una angustia ante la que nos ayuda a rebelarnos algo tan sencillo como lo que han hecho nuestros congéneres desde la noche de los tiempos: levantar la mirada y mirar al cielo, o volverla hacia nosotros, hacia nuestro misterioso abismo interior. Porque la montaña fue y sigue siendo, definitivamente, mágica.

Agradecimientos

Este breve ensayo es fruto de la insistencia de Ana, mi mujer, para que lo terminara —e incluso para que lo empezara— cuando yo me inclinaba por pensar que no tenía mucho que decir ni que escribir tras una temporada demasiado larga de seria melancolía. Como casi todo lo que escribo lo he conversado antes con ella, no tendrá por qué leérselo —no todo van a ser desventajas—. También es inseparable de su editor, Raúl E. Asencio, quien pacientemente me iba alargando una fecha

de entrega que ha sido inversamente proporcio
nal a la extensión del libro. Su edición, con sus
sabias sugerencias, ha hecho de este trabajo un
proceso de aprendizaje para mí, en clara conso-
nancia con el espíritu del texto y de mi intención
al escribirlo. Mis hijos siempre están presentes
y son el motor de todas las ideas que me plan-
teo y de todos los pasos que doy, sin importar la
distancia. Miguel ha sido el último en llegar, y
sus risas y llantos adornan y salpimientan este
libro que es inseparable de su sonrisa inocente.
Por último, mi perro, Montalbano, me acompaña
acurrucado a mis pies siempre que escribo, por
lo que estas páginas también están asociadas a
su compañía, su calor y su cariño.

Bibliografía

ARNAU, J. *La fuga de Dios: la ciencia y otras narraciones*. Girona: Atalanta, 2017.

BEAUVOIR, S, *¿Por qué la acción?* Buenos Aires: Siglo Veinte, 1965.

BERNHARD, Th. *Mis premios*. Madrid: Alianza, 2009.

BORGES, J. L. *Atlas*. Buenos Aires: Emecé Editores, 2009.

BRUCKNER, P. *Un instante eterno: filosofía de la longevidad*. Barcelona: Penguin Random House, 2023.

BYUNG-CHUL, H. *No-cosas: quiebras del mundo de hoy*. Barcelona: Herder, 2021.

CAMUS, A. *El mito de Sísifo*. Madrid: Alianza, 2021.

CANALES, J. *El físico y el filósofo: Albert Einstein, Henri Bergson y el debate que cambió nuestra comprensión del tiempo*. Barcelona: Arpa Editores, 2020.

CARSON, R. *El sentido del asombro*. Madrid: Ediciones Encuentro, 2021.

CRUZ, M. *Democracia. La última utopía*. Madrid: Espasa, 2021.

DASTUR, F. *La muerte.: ensayo sobre la finitud*. Barcelona: Herder, 2008.

EAGLEMAN, D. *El cerebro: nuestra historia*. Barcelona: Anagrama, 2017.

FAULKNER, W. *Las palmeras salvajes*. Barcelona: Edhasa, 2004.

FRANKL, V. *El hombre en busca de sentido*. Barcelona: Herder, 2015.

GARROCHO, D. S. *Sobre la nostalgia*. Madrid: Alianza, 2019.

HUSTVEDT, S. *Madres, padres y demás*. Barcelona: Seix Barral, 2022.

JUNG, C. G. *Recuerdos, sueños, pensamientos*. Barcelona: Seix Barral, 2021.

KRIPAL, J. *El vuelco. Epifanías de la mente y el futuro del conocimiento*. Girona: Atalanta, 2022.

LABATUT, B. *La piedra de la locura*. Barcelona: Anagrama, 2021.

— *Un verdor terrible*. Barcelona: Anagrama, 2020.

MANN, Th. *La montaña mágica*. Barcelona: Penguin Libros, 2020.

MARTORELL, F. *Contra la distopía*. Valencia: La Caja Books, 2021.

NARBONA, R. *Peregrinos del absoluto. La experiencia mística*. Madrid: Taugenit, 2020.

PESSOA, F. *Diarios completos*. Madrid: Hermida Editores, 2017.

RANDALL, L. *Universos ocultos: un viaje a las dimensiones extra del cosmos*. Barcelona: Acantilado, 2011.

ROVELLI, C. *Helgoland*. Barcelona: Anagrama, 2022.

SHESTOV, L. *Atenas y Jerusalén*. Madrid: Hermida Editores, 2018.

SPINOZA, B. *Ética*. Madrid: Alianza, 2022.

VELASCO, L. *¿Te va a sustituir un algoritmo? El futuro del trabajo en España*. Madrid: Turner, 2021.

La primera edición de *Los sentidos del tiempo* se terminó de imprimir en abril de 2024. Cien años antes, en abril de 1924, los editores de S. Fischer Verlag preparaban la publicación de *La montaña mágica*, de Thomas Mann. Para entonces ya habían transcurrido otros doce desde que su autor visitó el sanatorio suizo de Davos Platz. Su esposa estaba hospedada por una leve enfermedad pulmonar. Como los pacientes, Mann pasó buena parte de los días recostado al aire libre respirando el gélido y puro aire alpino. Allí vio cómo los jóvenes enfermos eran enterrados por un tiempo extenso y difuso; por una rutina de lujos que les volvía inútiles para la vida de abajo, en la ciudad. Cuando comenzó a sentir lo que le pareció una leve bronquitis, acudió a uno de los doctores de la clínica. Le dijeron que tenía un nódulo en el pulmón y le recomendaron un ingreso de seis meses. «Si hubiera seguido su consejo, quizá aún seguiría allí», dejó apuntado casi cuatro décadas después. En vez de vivirlo, prefirió imaginarlo. Escribió una novela.

OTROS TÍTULOS DE LA COLECCIÓN   *bastardilla* **"**